Universität Hamburg

Fakultät EPB

Wintersemester 2011/12

Praxisbezogene Einführung in das
Studium der Erziehungswissenschaft
am Beispiel von Bildern des Lehrers
und des Lehrens

AF136232

Essay:

Respekt im Lehrer-Schüler-Verhältnis

Unsere heutige Generation an Kindern und Jugendlichen (und vielleicht auch schon darüber hinaus) ist in den Verruf gekommen, sich respektlos gegenüber Älteren und Höhergestellten zu verhalten. Besonders in Schulen sollen Lehrerinnen und Lehrer immer mehr mit dieser Art von Problemen zu kämpfen haben. Handelt es sich dabei um tatsächlich belegbare Tatsachen oder herrscht auch hier erneut die typische Meinung der älteren Generation vor: »Früher hätte es so etwas bei uns nicht gegeben! «

Bevor überhaupt auf die heutige Situation an Schulen eingegangen werden kann, muss erst einmal geklärt werden, was Respekt überhaupt ist. Die RespectResearchGroup beschäftigt sich mit jener Frage und sieht Respekt als „eine Einstellung eines Menschen einem Anderen gegenüber, bei welcher er in diesem einen Grund erkennt, der es aus sich heraus rechtfertigt, ihn zu beachten und auf solche Weise zu agieren, dass bei ihm über Resonanz das Gefühl entsteht, in seiner Bedeutung und seinem Wert (an)erkannt zu sein" (RESPECTRESEARCHGROUP 2005-2010). Das Wort Respekt lässt sich dabei vom lateinischen Wort »respicere« ableiten, welches (wörtlich übersetzt) »nochmals hinsehen« oder (im Zusammenhang) »berücksichtigen« bedeutet. Eine Person zu respektieren bedeutet folglich sie zu beachten, das heißt sich aktiv mit ihr auseinanderzusetzen und ihren Wert zu erkennen. Respekt wird somit ein obligatorischer Punkt im täglichen sozialen Verhältnis mit anderen Personen. Das Gegenüber muss »richtig« wahrgenommen und, passend seiner Bedeutung, eingeordnet werden. Man erkennt also, wie bereits in der »Definition« erwähnt, einen Grund im Anderen, der sich aus sich heraus rechtfertigt und somit Respekt erzeugt. Die respektierte Person besitzt also Eigenschaften und charakteristische Züge, die eine Beachtung und anschließende Respektierung rechtfertigen (vgl. RESPECTRESEARCHGROUP 2005-2010). Eine Person respektieren zu können, bedeutet folglich auch nicht unbedingt, mit ihr die eigenen Interessen und Meinungen zu teilen (vgl. SIMON, B., STÜRMER, S., & LÜCKEN, M. 2004). So können wir auch Menschen für ihr Handeln, wie z.B. ihren Mut und ihr politisches Engagement, respektieren, ohne dabei selber ihrer Überzeugung zu sein. Umgekehrt kann man also nicht von Respekt sprechen, wenn wir uns, durch vorgetäuschtes wertschätzendes Verhalten, eigene Vorteile verschaffen wollen. Dieses vorgespielte respektierende Verhalten ist häufig zum Scheitern verurteilt, da es die Betroffenen relativ schnell bemerken und in ihnen genau das Gegenteil auslösen (vgl. RESPECTRESEARCHGROUP 2005-2010).

Ist es also Tatsache, dass die »Tugend des Respekts« an Schuler abhandenkommt? Zweifellos ist immer häufiger von Respektlosigkeit und Verrohung der heutigen Kinder und Jugendlichen zuhören. Lehrer scheinen an die Grenzen ihrer »Macht« zu gelangen, können nicht die Aufmerksamkeit der Schüler gewinnen, erleiden mit ihrem Durchsetzungsvermögen Schiffbruch und werden nicht ihres Amtes gemäß von den Schülern behandelt und geachtet. Folglich kommt es immer wieder dazu, dass Lehrer ein Klima aus Angst und Einschüchterung bevorzugen und verbreiten. In der Presse erscheinen Berichte vor Schulen, an denen Sechsen für das kleinste Fehlverhalten verteilt werden. Spätestens jetzt gerät man an den Punkt, wo entweder die Angst Gehorsamkeit im Schüler auslöst oder sich jener noch weiter zurückzieht. Hat die Lehrkraft jedoch durch ihr Verhalten die Aufmerksamkeit erlangt, so handelt es sich dabei keinesfalls um Respekt. Weder dem Lehrer, noch dem Schülern kann so eine Situation wohlbekommen. Schüler wünschen sich eine Lehrkraft die sie respektieren können und von welcher auch sie respektiert werden (vgl. UNRUH, T. 2009). Eine Studie, in der 166 Schüler der Jahrgangstufen 10 und 12 zweier Gymnasien in Nordrhein-Westphalen/Bochum befragt wurden, ergab, dass 41,4% der Befragten Respekt als »Achtung gegenüber einer Person« und 36,8% als »Höflichkeit gegenüber einer Person« beschrieben. Nur 3,4% waren der Meinung, dass Respekt eine Form der Angst und Machtausübung sei. Außerdem beschrieben ca. ein Drittel der Schüler »das Verständnis für die Belange der Schüler« als wichtige Eigenschaft einer Lehrkraft (vgl. GLESER, C. 2003).

Was eine Lehrkraft tun kann, um die »richtige Form« des Respekts erzeugen zu können, zeigt sich bereits im Film »Der Pauker« mit Heinz Rühmann von 1958. Der Oberstudienrat Dr. Hermann Seidel wird aus der Provinz in die Großstadt versetzt. Er ist der typische »Pauker«, der seine Klassen mit Disziplin und Macht erzieht. Angekommen in der Großstadt wird ihm eine Klasse zugeteilt, welche ihn aus seiner Welt reißt. Die aufsässigen Jugendlichen erkennen die Autorität von Lehrkräften nicht an, es entbrennt ein Kampf zwischen Lehrer und Klasse. Erst mit der Zeit taut das Verhältnis auf, als Dr. Seidel zusammen mit den Schülern ein altes Auto herrichtet. Die Schüler fühlen sich schlagartig nicht mehr von ihrem Lehrer unterdrückt, sondern bringen ihm nun Respekt entgegen, so wie er ihnen Respekt entgegenbringt. Wo die Schüler anfänglich noch sitzen blieben, als der Lehrer das Klassenzimmer betrat, so stehen sie jetzt respektvoll auf und beteiligt sich aktiv am Unterricht. Abschließend setzt sich die gesamte Klassengemeinschaft in einer Notsituation für Dr. Seidel ein, damit er weiterhin Lehrer ihrer Klasse bleiben darf.

Obwohl der Film natürlich das Verhältnis von Lehrer und Schülern einer ganz anderen Zeit darstellt, ist die Tatsache, dass die Schüler ihren Lehrer erst respektieren, als er beginnt sie zu respektieren, auch heute noch relevant. Das gleiche Geschehen zeigt sich in dem Film »Die Klasse« von 2008. Der Lehrer François, der seit vier Jahren an einer Pariser Schule im 20. Arrondissement mit hohem Migrantenanteil unterrichtet, ist mit seiner neuen Klasse überfordert. Die 25 Schüler der 4.3 sind wenig lernwillig und diszipliniert. François straft dieses Verhalten mit Tadel und Respektlosigkeit (jedenfalls wird es so von seinen Schülern aufgenommen). Zwar schafft es François durch verschiedene Aktionen, wie z.B. das Erstellen eines Selbstporträts der Schüler, die Klassengemeinschaft für sich zu gewinnen, dennoch eskaliert die Situation immer weiter. Es erscheint wie ein Teufelskreis, in dem sich die Respektlosigkeit der beiden Parteien (Lehrer und Schüler) immer weiter steigert. Auch andere Lehrer klagen von der Unfähigkeit der Schüler eine Schule anständig zu besuchen. Abschließend kochen die Emotionen über, François beleidigt zwei seiner Schülerinnen und einer seiner Schüler flieht aus dem Unterricht und verletzt versehentlich eine Mitschülerin. Aufgrund der Vorfälle soll dieser Schüler in sein Heimatland Mali abgeschoben werden. Erst jetzt beginnt François das System zu hinterfragen, doch es ist zu spät, der Disziplinarausschuss geht für den Schüler negativ aus. Das Schuljahr mit einem Fußballspiel, bei welchem Schüler und Lehrer auf einer Ebene zu sein scheinen.

Beide Filme zeigen im Kern die gleiche Problematik. Wer Respekt ernten will, muss selber jenen sähen. Der Lehrer muss für die Schüler außerdem eine Vorbildfunktion übernehmen. Die aggressiven und ablehnenden Ausbrüche der Jugendlichen sind häufig nur Ausdruck von Unsicherheit und Angst, nicht respektiert zu werden. Die Aufgabe des Lehrers ist es nun ruhig zu bleiben und den Betroffenen aus seiner Unsicherheit zu befreien, indem er ein Gefühl von Interesse und Sicherheit erzeugt. Die Lehrkraft muss ihre Schüler mit positiven Argumenten und Kommentaren aufbauen. Durch permanenten Tadel wird nur das Gegenteil erreicht, denn wer ein negatives Selbstbild hat, bleibt häufig an diesem hängen.

Die Lehrkraft muss sich also tatsächlich für ihre Schüler und Schülerinnen interessieren. Aufmerksames zuhören ist somit Pflicht, ohne dem Schüler permanent ins Wort zufallen. Der Lehrer muss Abstand von seinen eigenen Ansichten gewinnen und den Schüler möglichst objektiv beurteilen. Dazu gehört also auch, dass die Lehrkraft die »fremden« Sichtweisen akzeptiert und zu verstehen versucht, auch wenn sie nicht in ihre »Weltvorstellung« passen. Und auch hier darf das Interesse am Schüler nicht aufgesetzt wirken. Ist dies der Fall, so kommt es zu Problemen, ähnlich der im Film »Der Paㄴker«. Hier wird das Interesse des Lehrers, an den privaten Aktivitäten der Schüler, als »Schnüffeln« und »Bestechen« verstanden. Der Lehrer muss also buchstäblich seine Emotionen unter Kontrolle halten, um kein falsches Bild zu vermitteln (vgl. UNRUH, T. 2009). Kommt es zum Beispiel zum Streit zwischen zwei Schülern, so muss der Lehrer dennoch möglichst unparteiisch agieren, selbst wenn er weiß, wer der eigentliche Streitverursacher (aus Gewohnheit) ist. Die Lehrkraft muss sich also förmlich in die Haut der zwei Parteien versetzen.

Abschließend sollte noch die Frage geklärt werden, ob die heutige Jugend tatsächlich immer respektloser wird und damit alle vorhergegangen Generationen übertrifft. Tatsächlich kann man diese Frage nicht vollends klären. Fest steht jedoch, dass der »Generationenkonflikt« schon seit langer Zeit besteht. So fand man eine Keilschrift, welche ca. 4000 Jahre alt ist, aus dem chaldäischen Ur, auf der geschrieben steht: "Unsere Jugend ist heruntergekommen und zuchtlos. Die jungen Leute hören nicht mehr auf ihre Eltern. Das Ende der Welt ist nahe" (vgl. SCHMIDT, V. 2009). Diese Kritiken an der »aktuellen« Jugendgeneration ziehen sich durch die Jahrhunderte, von Sokrates (427-347 v. Chr.), über Mönch Peter (1274 n. Chr.), bis heute. Somit scheint erkenntlich, dass »die respektlose Jugend« keine moderne Erfindung ist, sondern ein Phänomen ist, das immer wieder auftritt.

Literaturverzeichnis:

GLESER, C. (2003): 'Respekt' in der Lehrer-Schüler-Beziehung. Eine explorative Studie zu einem fast vergessenen Begriff. http://paedpsych.jk.uni-linz.ac.at. 15.01.2012.

RESPECTRESEARCHGROUP (2005-2010): Zentrale Facetten des Respektbegriffs. http://www.respectresearchgroup.org. 15.01.2012.

SCHMIDT, V. (2009): Heruntergekommen und zuchtlos. http://www.fr-online.de. 15.01.2012

SIMON, B., STÜRMER, S., LÜCKEN, M. (2004): Intragroup respect - Respect and group life: The role of acceptance and equality. Kiel.

UNRUH, T. (2009): Der Lehrer-Coach. Praxiserprobte Tipps für den Lehreralltag. AOL-Verlag. o.O.

SCOTTA, C., BENJO, C., LETELLIER B., ARNAL S. (Producer) (2008): Die Klasse. [Film]. Frankreich: Concorde Film Verleih.

ULRICH, K. (Producer) (1958): Der Pauker. [Film]. Deutschland: Gloria Film.